L'ANGE DE SIMPLICITÉ

ANSELM GRÜN

L'ANGE DE SIMPLICITÉ

ET AUTRES MESSAGERS CÉLESTES QUI RENDENT LA VIE PLUS LÉGÈRE

Traduction de l'allemand par
Marie-Lys Wilwerth-Guitard

SALVATOR
103, rue Notre-Dame-des-Champs
F-75006 Paris

Édition originale :
Anselm Grün, *DER ENGEL DER EINFACHHEIT*
und andere himmliche Boten, die das Leben leichter machen
Mit Illustrationen von Sabine Hanel
Herausgegeben von Anton Lichtenauer

Traduction française :

Yves Briend Éditeur S.A.
103 rue Notre-Dame-des-Champs
F-75006 Paris
www.editions-salvator.com
contact@editions-salvator.com

Maquette intérieure : Atlant'Communication
Couverture : Isabelle de Senilhes

ISBN : 978-2-7067-1258-6

Introduction

Les artistes ont souvent représenté les anges avec des ailes, exprimant ainsi quelque chose d'essentiel : les anges nous rendent la vie plus légère. Au cours de notre vie, nous devons affronter moult situations qui, au premier abord, nous semblent difficiles. Nous sentons une sorte de résistance intérieure, nous sommes démoralisés, accablés, démunis. Dans ces moments-là, nous aurions besoin d'un ange qui mettrait des ailes à notre âme et nous rendrait à même de prendre plus légèrement les choses, de les voir sous un autre angle et, peut-être, tout à fait différemment. Quand des situations nous paraissent insurmontables, il ne sert à rien de s'entêter ou de s'épuiser à trouver une solution à tout prix. Il nous suffit de regarder l'ange qui est déjà auprès de nous et d'être attentif à l'impulsion que nous allons percevoir en notre âme. L'ange prend tout plus légèrement que nous et nous invite à l'imiter, à ne pas trop nous surcharger pour éviter le danger de nous effondrer sous le poids qui pèse sur nos épaules.

Les anges possèdent une sorte de légèreté, d'apesanteur. Voyons encore les indices que nous fournissent les artistes : les anges de Noël, souvent des angelots, veulent nous inciter à ne pas nous accorder trop d'importance, à nous oublier nous-mêmes et à nous ouvrir, comme les enfants. Ils veulent nous aider à prendre conscience de la légèreté de l'âme et à faire confiance à cette légèreté. Les anges de cette sorte sont très nombreux, qui nous encouragent à transformer tout ce qui se met chaque jour en travers de notre route. L'ange de la simplicité, par exemple, nous exhorte à vivre simplement. Celui de la jouissance nous libère de la contrainte d'avoir toujours à « paraître ». L'ange du ralentissement nous arrache aux turbulences permanentes et freine l'agitation du quotidien et le rythme de notre vie. Les trente-trois anges dont je parle dans ce livre veulent nous alléger la vie. Ils ne lancent pas d'appel moral à notre volonté, ne nous poussent à aucune performance, mais ils sont à nos côtés. Car tous sont déjà présents en nous, au tréfonds de notre âme. Ils nous mettent en contact avec les capacités que nous possédons en nous, mais qui sont ensevelies sous la pression que nous nous imposons. L'ange de la légèreté, de la simplicité ne s'escrime pas à gérer la pression pour parvenir coûte que coûte à ces capacités qui sont les nôtres. Il considère simplement ce poids qui pèse sur nous et le soulève avec humour et légèreté, comme un jeu. Il déploie ses ailes, laisse s'envoler ce qui nous pèse et allège ainsi notre quotidien, afin qu'il ne nous écrase plus.

Je connais bien des gens qui ressentent la vie comme un poids. C'est pour eux et pour vous, chers lecteurs et lectrices, que j'ai choisi les anges qui veulent la rendre plus facile. Il ne faudrait pas lire mes pensées trop sérieusement, ni y réfléchir trop intensément. Laissez-vous tout simplement envahir par la simplicité céleste des anges. Ayez foi en eux, ils vont vous prendre sous leurs ailes, vous protéger et alléger votre âme en lui donnant la force de l'espoir et le sentiment de liberté. Une âme ailée vit plus légèrement. Elle peut se sortir de toutes les situations, les regarder de plus haut, d'un observatoire céleste, les prendre de façon plus aérienne et avec humour. Je vous souhaite de pouvoir dire, avec le pape Jean XXIII : « Jean, ne t'accorde pas trop d'importance ! » Ton âme a des ailes, fais-leur confiance, elles te porteront avec légèreté dans la vie.

1
L'ANGE DE LA SIMPLICITÉ

Je me dis fréquemment que la vie n'est pas simple, et j'ai de bonnes raisons pour cela. Mais souvent aussi, c'est moi qui la rends difficile. Je m'entends parfois répondre : « C'est pourtant facile, tu n'as qu'à *vivre,* tout simplement ! » Et c'est vrai : au fond, il est très commode de voir comment réussir sa vie ; mais je complique souvent les choses et je me bloque moi-même. C'est dans ces moments qu'il me faut l'ange de la simplicité pour m'aider à comprendre ce que j'ai du mal à saisir. Il ne cherche pas seulement à me faire voir autrement la réalité, mais à m'initier à un style de vie empreint de simplicité. Évidemment, la simplicité n'a pas seulement trait au style de vie. C'est aussi une attitude intérieure. Pour Marc Aurèle, empereur et philosophe, la simplicité consiste à accomplir son devoir sans arrière-pensée, en ne se laissant pas dominer par ses passions, en se libérant de toutes les illusions que l'on se fait souvent de la vie.

L'homme simple est celui qui est un avec lui-même. La Bible emploie le mot *haplous* (simple, indivis). Jésus parle d'un regard clair et simple, sans détour: «La lampe du corps, c'est ton œil. Lorsque ton œil est sain, alors, tout entier, ton corps est lumineux» (Lc 11, 34). L'œil simple voit les choses comme elles sont. Il ne projette pas en elles ni en autrui les propres besoins, les propres émotions. Si mon regard est trouble et si je projette sur les autres mes passions refoulées, j'ai besoin de l'ange de la simplicité pour purifier mes yeux et les rendre à nouveau clairs et simples.

Simple ne veut pas dire naïf ou simplet. La simplicité est signe de maturité. Quiconque a atteint cette maturité est cohérent, en lui-même et avec lui-même, et cette unité intérieure va agir aussi sur ses rapports aux autres. Il sera limpide, transparent avec eux, car il n'aura pas à se mettre en scène ou à se faire valoir. Il pourra se permettre d'être là, simplement. La simplicité de sa pensée et de son rayonnement aura un effet libérateur et fédérateur sur les autres. Nous verrons plus clair en sa présence; ce qui est trouble en nous se décantera et notre regard sera plus dégagé.

Si l'ange de la simplicité me conduit vers ce rayonnement limpide, je deviendrai moi-même un ange pour les autres, un ange qui éclairera leur vie et les guidera vers la simplicité.

L'ange de la simplicité veut me montrer que la vie simple est toujours une vie heureuse. L'écrivain allemand Jean Paul (1763-1825) l'a bien compris lorsqu'il déclare: «On peut vivre les plus heureux jours en n'ayant besoin de rien d'autre devant les yeux qu'un ciel bleu et une campagne verdoyante au printemps. »

Puisse l'ange de la simplicité m'inspirer à vivre cette vie qui conduit au bonheur. Puisse-t-il me rendre capable de percevoir tout ce qui se présente chaque jour à mes yeux et d'en jouir : le ciel bleu et la terre fertile.

2
L'ANGE DE LA JOUISSANCE

Est imbuvable celui qui ne sait pas goûter les choses, dit le proverbe. Mais goûter les choses, savoir en profiter, cela peut s'apprendre. La plupart du temps dans la tradition chrétienne, la jouissance a mauvaise presse. Aux origines de l'Église, de nombreux théologiens affichaient leur scepticisme quant à la jouissance et aux plaisirs, et mettaient en garde contre l'hédonisme - c'est-à-dire la recherche du plaisir -, dont le philosophe Épicure était le représentant. Mais la jouissance fait essentiellement partie de l'être humain et fait accéder à la vraie vitalité. La joie qu'elle nous procure est tout autre qu'un plaisir éphémère, toujours en quête de nouvelles stimulations.

Ne peut profiter des choses que celui qui est aussi capable de renoncer. Contre une diabolisation du plaisir, saint Augustin a développé une théologie spécifique de la jouissance. Selon lui, le but d'une vie spirituelle est la *fruitio dei* - autrement dit prendre plaisir à Dieu. Il fait une distinction entre les verbes *fruor* (jouir de, prendre plaisir à) et *utor* (utiliser). Le premier s'applique surtout aux personnes, le second aux choses. Je peux jouir d'un bon mets, de la beauté d'un tableau ou d'une musique. Je suis alors totalement – toujours selon Augustin – en communion avec le mets, le tableau, la musique. Mais si je ne mange que pour satisfaire un besoin, je ne profite en vérité de rien, je me contente de combler mon vide intérieur. Si je jouis de l'amour d'un être, je ne l'utilise pas pour satisfaire un besoin de proximité, mais je m'ouvre totalement à lui et à son amour.

L'ange de la jouissance aimerait nous enseigner cet art qui consiste à percevoir le goût de la vie dans toute sa plénitude. Jouir fait partie de la spiritualité. C'est ce que nous apprend la théologie mystique qui se réfère à saint Augustin. Jouir de Dieu dans la vie éternelle est le but de notre vie. Si j'apprécie la vie ici-bas, la conversation avec un ami, un bon repas, un vin mature, un concert émouvant, une promenade dans un beau paysage, je perçois la trace de Dieu dans cette jouissance. Le plaisir va toujours de pair avec la beauté et la beauté est la trace enfouie par Dieu dans notre monde. Dans la joie que m'inspirent la beauté, le plaisir, je découvre toujours quelque chose de la saveur particulière de Dieu. La théologie mystique du Moyen Âge – une mystique de femmes surtout – parlait de la *dulcedo dei*, c'est-à-dire de la douce saveur de Dieu.

Je souhaite que l'ange de la jouissance te permette de sentir la beauté de la vie, qu'il t'enseigne l'art du plaisir, de cette jouissance qui n'est synonyme ni d'utiliser ni d'instrumentaliser, mais t'invite à te réjouir intérieurement de ce que Dieu t'offre avec la beauté du monde.

3
L'ANGE DU RALENTISSEMENT

Nous sommes nombreux à souffrir aujourd'hui de l'accélération permanente de notre vie. Dans notre travail surtout, les tâches s'amoncellent parfois jusqu'à nous faire perdre le souffle. L'agitation et le stress sont les conséquences du rythme de plus en plus rapide du monde, que, pour beaucoup d'entre nous, l'âme ne parvient pas toujours à suivre. Les conseillers et les psychologues nous recommandent de lever le pied pour nous mettre à l'abri d'un burn-out. Saint Benoît, au contraire, demande au cellérier, l'économe du monastère, de ne pas ralentir. Car il existe en effet une lenteur qui paralyse, signe que, parce que nous brûlons trop d'énergie par ailleurs, notre travail n'avance que péniblement.

Mais si je suis tout entier à ce que je fais, la lenteur peut être bénéfique. Et c'est cette lenteur positive que l'ange du ralentissement veut nous apprendre, afin qu'elle nous inspire et nous aide à vivre consciemment et attentivement. L'écrivain allemand Sten Nadolny (né en 1942) est l'auteur d'un livre devenu best-seller, *Entdeckung der Langsamkeit* (*La découverte de la lenteur*). Il y raconte la vie d'un célèbre découvreur connu pour son extrême lenteur, et montre précisément qu'un être lent est particulièrement perspicace, parce qu'il voit les choses auprès desquelles les gens passent sans y prêter attention ; et c'est justement son obstination qui lui apporte le succès et fait progresser l'humanité.

Si je sens moi-même que je suis en danger, tendu intérieurement au point d'être stressé, je demande à l'ange du ralentissement de freiner mes pas et ma pensée. Si je pense à lui, je vais, de moi-même, ralentir mon rythme ; et en respirant plus calmement, je vais ressentir une liberté intérieure. Au milieu de l'accélération extérieure, je ralentis mon allure et apaise mes pensées. Cela me fait du bien, je me retrouve totalement en moi-même.

Dans mon quotidien de moine, l'ange de la lenteur m'invite souvent à l'écouter. Me rendre à l'office de sexte - et j'y arrive malheureusement bien souvent à la dernière minute - interrompt tout simplement l'effervescence due aux occupations qui m'incombent au monastère dans la matinée. La liturgie est toujours un ralentissement de la vie. Je fais consciemment quelque chose de gratuit, sans objectif particulier. Je prends le temps de chanter des psaumes, de me lever tranquillement et de m'asseoir tout aussi tranquillement, d'écouter attentivement la lecture.

À ce moment-là, l'ange de la lenteur me prend par la main et me dit: «Tu n'as pas besoin de faire quelque chose. Tu n'as pas besoin non plus de penser à la manière dont tu vas accomplir tes tâches de la journée. À cette minute, tu es là, simplement. Profite de cet instant de lenteur. Après, tu verras, le travail sera plus facile, tu le feras calmement et tu seras d'autant plus efficace.» Dieu merci, quand je vois mon agenda rempli, je pense souvent que là, entre mes rendez-vous, l'ange du ralentissement est à mes côtés. Et alors, en dépit de mes obligations, je peux jouir d'instants de lenteur.

4
L'ANGE DE LA RÉSISTANCE

Cela m'arrive assez souvent : je veux méditer, mais je ressens une résistance intérieure, ce qui me donne à penser que je dois me discipliner davantage. Ou bien, alors qu'en pleine discussion nous sommes sur le point de nous entendre sur un projet, une résistance se manifeste tout à coup en moi.

Il peut se produire aussi qu'au beau milieu d'un entretien, je remarque soudain que quelque chose émerge en moi à propos de ce que dit mon interlocuteur, quelque chose qui se défend.

La première pensée qui me vient lorsque je sens une retenue de la sorte, c'est de me dire : ne sois donc pas si étriqué ! Et j'essaie de me persuader que je dois ignorer ou surmonter ces résistances intérieures : tout ne parle-t-il pas en faveur de cette solution ? Est-ce que je ne devrais pas tout simplement m'ouvrir à cette personne et à ses problèmes ?

Pourtant, le travail d'accompagnement que je pratique depuis de longues années m'a appris que lorsque je suis dans une telle situation, un ange vient à moi. Il est comme celui qui se met en travers du chemin du prophète Balaam – dont nous connaissons l'histoire : Balaam est mandé par le roi Balaq qui lui offre moult présents pour maudire le peuple d'Israël. Un ange apparaît soudain sur sa route pour lui faire obstacle et, chaque fois, l'ânesse que monte Balaam refuse d'avancer malgré la colère de son maître et les coups qu'il lui assène. À la troisième apparition seulement, Balaam voit l'ange que l'ânesse lui montre. Et l'ange lui dit : « Reviens sur tes pas, ce chemin est trop escarpé pour toi. » Sans cet ange qui lui barre la route, Balaam aurait présumé de ses forces et son chemin l'aurait conduit à sa perte et précipité dans l'abîme.

J'ai donc appris à voir l'ange dans chaque résistance qui surgit en mon âme, et je lui demande ce qu'il entend me dire. Peut-être veut-il m'empêcher d'emprunter une voie trop abrupte. Peut-être veut-il m'indiquer que mon ambition, mon avidité, ma boulimie de succès vont me mener dans une impasse. L'ange me barre le chemin et éveille une résistance en moi pour que je fasse une pause et que je sois attentif à ce qui me correspond réellement.

J'ai peu à peu appris à reconnaître que la résistance a toujours un sens ; qu'elle est toujours éveillée par un ange qui remet en question mes objectifs ambitieux, qui me montre que quelque chose ne colle pas dans l'entretien que je mène, dans le projet que nous élaborons.

Si je ressens une résistance envers quelqu'un, il ne s'agit pas d'une critique à son encontre, ni non plus de cimenter un préjugé. Il s'agit bien plus de demander à l'ange ce qu'il veut me dire *à moi* avec cette résistance qu'il provoque en moi. Peut-être veut-il m'indiquer que je devrais sonder davantage cette personne avec qui je parle, ou examiner de plus près le projet que je nourris. L'ange m'aide à mieux percevoir l'autre, ou bien il m'invite à prêter une oreille plus attentive à mes propres sentiments, afin de ne pas faire fausse route dans l'entretien et pour que j'y apporte ce qui m'importe vraiment.

5
L'ANGE DE L'ACCABLEMENT

De nos jours, nous sommes nombreux à ressentir l'accablement qu'on exprime par ce mot devenu à la mode : le burn-out. Je suis fatigué, épuisé, je n'ai plus aucun dynamisme, plus aucune force en moi. La plupart du temps, on y voit la conséquence d'une surcharge de travail. Mais ce n'est pas toujours le travail, loin s'en faut. D'autres raisons conduisent au burn-out, comme par exemple la pression à laquelle je me soumets moi-même. Est-ce que je n'investis pas trop d'énergie dans mon paraître ? Est-ce que je ne m'emploie pas trop à répondre aux attentes des autres au lieu de prendre en compte mon équilibre intérieur ? Les espoirs, les exigences des autres me tiraillent et me déchirent, car tous n'attendent pas de moi la même chose, et cela m'épuise car je sais que je ne pourrai les satisfaire.

Dans de telles situations, l'ange de l'accablement peut m'aider en mettant au jour, avec moi, ce qui a ainsi raison de mes forces, et en me donnant des indices pour que je me ménage. Il voudrait m'accompagner pour que je fasse chaque chose en son temps sans trop me soucier de ce que les autres vont penser de moi. Il me regarde, observe les pensées qui émergent en moi et me touche lorsque je me préoccupe trop de toutes les éventualités qui s'offrent à moi.

L'ange de l'accablement procède avec toi comme avec le prophète Élie, dont on raconte que, épuisé, il s'effondra sous un buisson de genêts. Toute envie de lutter l'avait quitté. Il s'était rendu compte que le combat qu'il menait était finalement un combat contre lui-même. Et maintenant il savait: «Je ne vaux pas mieux que mes pères!»

Cette révélation lui avait ravi toute force. Mais l'ange était là, qui le toucha et lui dit: «Lève-toi et mange!» Élie se leva, mangea le pain déposé près de lui et but l'eau du gobelet. Puis, réconforté, il se rallongea et se rendormit. Mais l'ange de l'accablement est patient et il a de l'humour.

Il revint à la charge, éveilla à nouveau le prophète en l'exhortant à nouveau à se sustenter. Le grand prophète finit par comprendre. Il se leva, mangea et but encore et, revigoré, se mit en route pour quarante jours et quarante nuits jusqu'au mont Horeb.

L'ange de l'accablement voudrait te toucher, toi aussi, chaque fois que tu te sens épuisé. Et il te renvoie au pain qui te ragaillardit et à l'eau qui te rafraîchit. Il te montre où sont tes sources et ce qui saura te redonner de la vigueur. Demande-lui qu'il te réveille comme il l'a fait avec Élie le prophète. Tu pourras alors poursuivre ta route et sentir soudain en toi plus d'énergie que jamais. L'ange va t'accompagner et mettre des ailes à ton âme, afin que tu puisses t'élever au-dessus des problèmes de ton quotidien et que tu ne te laisses plus écraser par toutes les charges qui s'abattent sur toi, que tu ne sois plus en danger de surmenage.

6
L'ANGE DE LA PETITE PAUSE

Faire une pause, c'est marquer un arrêt. Interrompre une activité pour récupérer, reprendre des forces, puiser en soi de nouvelles idées. Les Grecs chantaient les louanges de la pause. L'*anapausis* n'est pas seulement une interruption temporelle ; c'est aussi faire une pause respiratoire qui permet de se retrouver. Nombreux sont ceux qui pensent qu'ils ont tant à faire qu'ils ne peuvent s'accorder aucun repos. Leur pause déjeuner est réduite à sa plus simple expression, l'important étant de terminer le travail. Eh bien ils se trompent. Dans une telle situation, j'ai besoin de l'ange de la petite pause, qui m'invite à m'arrêter pour que je puisse retrouver en moi l'équilibre, faire remonter de nouvelles idées en moi-même, et pour qu'une énergie nouvelle inonde mon âme. Les grandes idées surviennent dans le calme d'une pause. Travailler sans relâche, c'est courir le risque de se fatiguer très vite et d'être moins productif ; c'est s'enfermer dans une routine, n'aller que dans une seule direction. L'ange de la petite pause voudrait nous taper discrètement sur l'épaule et nous dire : « Arrête-toi un peu. Respire calmement. Regarde simplement par la fenêtre et vois comme la nature est belle. Ou bien allonge-toi un moment. Accorde-toi de ne rien faire pendant quelques minutes. De nouvelles pensées viendront alors d'elles-mêmes qui vont enrichir ton travail. Tu vas te sentir revigoré et ton envie sera plus grande de te consacrer à ta tâche. »

L'ange de la petite pause veut ton bien. Écoute-le, car il te met en contact avec la sagesse de ton âme. Et cette sagesse est une bien meilleure source que celle qui consiste à bûcher sans cesse sur du savoir d'autrui ou à t'escrimer sur ton travail. Il te protège de l'agitation et de l'improductivité.

7
L'ANGE DE L'EFFORT

Parfois, face à des tâches qui nous semblent insurmontables, nous sommes dans la situation de l'oiseau du conte qui doit éroder la montagne en y aiguisant son bec : nous pensons ne jamais pouvoir arriver à bout de notre travail. Il nous faut alors un ange qui va nous aider à retrousser nos manches et à prendre les choses à bras le corps. Cet ange peut être un ami à qui nous nous plaignons d'avoir trop à faire et qui nous pousse : « Allez, courage ! Au boulot ! » Et, nous donnant l'exemple, il passe lui-même à l'attaque et nous transmet son ardeur, à tel point que nous avons soudain envie de nous y mettre aussi. Nous nous encourageons mutuellement et le travail est abattu en un rien de temps.

Je me souviens de m'être trouvé moi-même dans une situation identique. J'étais parti en randonnée avec des jeunes dans les montagnes du Steugerwald. Au bout de quelques heures, rentrés fatigués à l'auberge, nous avons vu que, pendant notre absence, un camion s'y était arrêté et qu'il fallait décharger les tuiles qu'il transportait. Nous n'en avions pas grande envie. Alors Jeremias, le frère qui m'accompagnait à cette randonnée, a grimpé sur le camion et nous a enhardis, les jeunes et moi-même. À l'époque, je venais d'écrire un livre intitulé *Glauben als Umdeuten*[1], et j'avais évoqué le thème du « transfert » au cours de l'excursion. Jeremias a dit alors : « Allons-y ! Mettons-nous à l'ouvrage et voyons si croire c'est transférer ! » Et en deux temps trois mouvements, nous avons déchargé les tuiles avec plaisir et les avons empilées devant la grange.

L'ange qui nous aide à l'effort ne lance pas d'appel à notre sens moral, pas plus qu'à notre bonne volonté ou a notre orgueil. Il vient à nous plus légèrement. Il fait quelque plaisanterie et, déjà, il nous semble plus facile de nous atteler tous ensemble à la tâche. En retroussant nos manches avec lui, nous reprenons envie et avons soudain plaisir à unir nos efforts. Nous ne sentons plus le poids du travail parce que le plaisir l'a transformé.

Si tu arrives demain à ton bureau et que tu ne sais pas par où commencer devant la pile de dossiers qui t'attend, demande simplement à l'ange de t'aider à remonter tes manches et à liquider tes tâches l'une après l'autre. Tu verras que tu ne gémiras plus sous la charge et que, au contraire, tu te réjouiras de voir la pile de dossiers diminuer.

---

1. Traduit en français, ce livre a pour titre *Croire ou vivre plus*. Mais *umdeuten* signifie littéralement « réinterpréter, transférer sur un autre plan ». (N.d.T.)

Ou bien, si tu as des ouvriers chez toi et que tu dois faire le ménage dans tout l'appartement, fais aussi appel à l'ange et nettoie chaque pièce l'une après l'autre. Peut-être même deviendras-tu toi-même l'ange qui va encourager tes enfants à astiquer avec toi. Si tu te mets au travail comme à un jeu, de façon légère, comme le fait l'ange, tu transmettras ton plaisir aux autres et vous sentirez tous comme il est agréable de faire quelque chose ensemble, et de s'encourager pour que ce plaisir demeure jusqu'au bout, jusqu'à ce que tout soit terminé.

8
L'ANGE DE LA SOLLICITUDE ENVERS SOI-MÊME

Les parents veillent à ce que leurs enfants aillent bien, qu'ils aient suffisamment à manger et reçoivent une bonne éducation. Le chef a des égards envers ses collaborateurs, veille à ce qu'ils aient un emploi qui leur convient et dans lequel ils ont plaisir à travailler. Tu te fais du souci lorsqu'un ami ne va pas bien et tu compatis. Tu t'occupes de celui qui te confie ses problèmes. Bref, tu es souvent à l'écoute des autres, disponible pour eux, mais tu t'oublies souvent toi-même et tu t'en aperçois lorsque tu es fatigué et que tu n'as plus du tout envie de venir en aide aux autres. Ou bien lorsque tu deviens susceptible et ne supportes plus la critique, ou encore quand tu te mets à pleurer dès qu'un obstacle se dresse sur ta route. C'est alors que tu as besoin de l'ange de la sollicitude envers toi-même.

L'ange ne fronce pas les sourcils en t'exhortant à te préoccuper de toi. Il t'invite plutôt à penser aussi à toi de temps en temps, à réfléchir à ce dont tu as besoin et qui te fait du bien. Il te donne bonne conscience quand tu t'accordes parfois quelques instants pour simplement t'asseoir, pour lire un livre ou faire une promenade.

À chacun de nous, l'ange de la sollicitude envers soi dit : « Tu es important, mais tu n'es pas corvéable à merci. Tu n'es pas Dieu qui peut se dépenser sans compter. Tu as des limites. Tu as besoin de prendre du temps pour toi-même afin que ta source intérieure jaillisse à nouveau. Tu ne peux pas y puiser jusqu'à la tarir. Elle coule à son rythme et ne te fournit assez de force que si tu t'y adaptes. Mais si tu l'assèches, elle ne peut plus te régénérer. Veille à ce qu'elle bouillonne toujours en toi et traite-la avec précaution. Prends soin aussi de toi-même, de ton âme et de ton corps. »

Saint Benoît ne cessait de recommander au moine cellérier d'être attentif à son âme. Cette recommandation ne venait de nul autre que de l'ange de la sollicitude. Veiller à son âme, c'est être à l'écoute de ses sentiments. En me levant le matin, je dois m'interroger : est-ce que je suis bien disposé à affronter cette journée ? Est-ce que j'ai envie d'aller travailler ? Ou bien est-ce que je ressens en moi une lassitude, une résistance intérieure contre le train-train quotidien ? Est-ce que je pense avec ennui à tel ou tel rendez-vous ? Prendre au sérieux ce genre de sentiments est une part importante de la sollicitude envers soi-même. Tant que j'ai plaisir à tout et que tout se déroule bien, je n'ai pas besoin d'avoir des égards envers moi. Mais dès que je me sens exploité, dès que je prends conscience que l'amertume me gagne parce que nul n'apprécie mon engagement à sa juste valeur, c'est le signal d'alarme. L'ange de la sollicitude entre alors en jeu : « Occupe-toi bien de toi, prends bien soin de toi afin de pouvoir continuer à prendre soin des autres avec plaisir. Veille à tes propres besoins afin de ne pas t'irriter contre les nombreuses sollicitations de tes semblables. Ne t'oublie pas toi-même pour pouvoir être, toi aussi, une bénédiction pour les autres. »

9
L'ANGE DE L'ABANDON

Le plus malin finit toujours par céder, dit-on. C'est souvent vrai, mais pas toujours. Si je cède en permanence, je ne parviendrai jamais à rien et j'y laisserai ma force. Je ne pourrai pas vivre conformément à mes désirs, je m'alignerai toujours sur les autres et me ferai violence. Ce n'est pas ce que souhaite l'ange de l'abandon. Ce qu'il veut, c'est me sensibiliser à ce qu'il est bon d'abandonner et m'aider à discerner où il est opportun de m'en tenir à mes propres désirs, à mes propres comportements.

Parfois, je ne veux pas céder de peur d'avoir le sentiment de perdre la partie. Ou bien je m'irrite de ce que l'autre s'impose avec obstination et souvent à mes dépens. L'ange de l'abandon entend précisément me préserver de la crainte d'être perdant. Il me donne toujours un conseil avisé. La prudence, qui vient du latin *prudentia,* a affaire avec la prévoyance, *providentia* en latin. L'ange de l'abandon prévoit les conséquences de mes actes. Et être prudent, c'est aussi être brave, fin, avisé, sage. L'ange de l'abandon est tout cela. Il entend me préserver de la lâcheté tout en me faisant comprendre que renoncer peut être une forme de courage, et toujours une forme de sagesse dès lors que l'on y a recours à bon escient.

Le cellérier que je suis doit tenir de nombreuses réunions au cours desquelles les avis divergent souvent. Je m'emploie, bien sûr, à établir un consensus, mais je n'ai pas un bon sentiment si je me contente de céder aux voix les plus fortes. Dans ce cas, l'abandon est facilement synonyme de faiblesse. Parfois, je sens aussi que je me refuse à céder parce que je veux faire état de mon autorité et ne veux pas perdre la face. Et je me rends compte que les motifs qui me retiennent d'abandonner ne sont ni clairs ni désintéressés, mais qu'ils émanent de mon ego, de ma susceptibilité. J'ai alors besoin que l'ange de l'abandon me donne le courage de céder et me sourie avec sagesse : « Il est plus judicieux de renoncer maintenant. Si tu cèdes, de nouvelles possibilités vont apparaître. Mais si vous campez tous sur vos positions, vous allez vous bloquer. Si tu abandonnes là, maintenant, tu ne seras pas perdant ; tu pourras mieux imposer tes plans ; tu ne dois pas *tout* abandonner, mais réfléchir prudemment à la meilleure stratégie que tu dois adopter pour parvenir à tes fins. »

Les situations ne manquent pas où nous avons besoin de l'ange de l'abandon. La mère de famille, par exemple, qui s'interroge tous les jours sur ce qu'elle doit cuisiner : doit-elle toujours se soumettre aux desiderata des enfants ou, au contraire, faire ce qui lui semble être bon pour eux et leur proposer des repas sains ? La même question se pose à la famille au moment d'organiser le week-end ou de choisir la destination des vacances. Dans de tel cas, il est bon d'exprimer clairement ses souhaits. C'est seulement lorsque tout le monde les aura formulés qu'on pourra en discuter. Parfois, le seul fait d'en débattre permet de discerner ce qui est le mieux pour tous. Mais il peut arriver aussi que le père, ou le fils, ou la fille veuillent imposer absolument leur choix. L'ange de l'abandon est alors bienvenu, qui ne dit pas immédiatement : « Abandonne ! » Il commence par me conduire à mon propre cœur, afin d'examiner avec moi mes pensées et mes sentiments et demande : « Si je cède, est-ce que je vais me sentir intérieurement libre ? Ou bien serai-je irrité parce que ce sont toujours les autres qui voient leurs souhaits exaucés et que personne ne se préoccupe jamais des miens ? » L'ange ne me conseille d'abandonner que si j'entre en contact avec ma propre sagesse. Si le fait de céder me rend amer et me contrarie, il me suggère d'exposer mes propres sentiments devant les autres. Et si à ce moment-là, je suis écouté, si mes sentiments sont pris au sérieux, je peux redemander à l'ange ce que je dois faire et il me donnera sans aucun doute un bon conseil.

10
L'ANGE DE LA BÉNÉDICTION

L'ange de la bénédiction est mon compagnon de route. Il me protège. Comme dans un manteau, il m'enveloppe dans la bénédiction de Dieu. Il m'accompagne dans tout ce que j'entreprends, afin que de moi émane la bénédiction et que l'ouvrage qui sort de mes mains soit béni. Je lui demande d'être à mes côtés lors des entretiens que je mène avec des gens qui sont dans la détresse et j'ai l'assurance que l'échange va se transformer en une bénédiction pour eux. Il me libère de la pression de devoir toujours bien faire et de la crainte de ne pas avoir assez d'empathie. Je lui demande aussi de nous assister tous lorsque nous planifions en réunion les semaines à venir. Si je le sens près de moi, je me rends en confiance à cette réunion ; ce n'est pas moi qui devrai tout faire et je sais que la discussion sera une bénédiction pour tous les participants et ceux pour qui nous travaillons.

J'ai surtout recours à l'ange de la bénédiction lorsqu'il s'agit de résoudre un conflit dans lequel sont impliquées plusieurs personnes. Je suis toujours très tendu et redoute de m'y prendre mal.

J'espère que l'atmosphère ne va pas être trop houleuse, que les gens ne vont pas être blessants ni hostiles. Si je sais l'ange de la bénédiction près de moi, si je sens qu'il me protège, je suis plus détendu. Je ne prête pas seulement attention à ce que disent les autres, à leur agressivité ou aux reproches qu'ils s'adressent, mais je suis aussi attentif à l'ange. J'écoute ce qu'il dit et j'observe la manière dont il s'y prend. J'ai confiance et je reste placide, car il me conduit jusque dans mon propre cœur. Je perçois les douces impulsions que celui-ci m'envoie ou que me transmet l'ange, et je trouve souvent des solutions au conflit qui me semblait désespéré. L'ange me donne la confiance qu'une bénédiction va résulter de la discussion. Et quand bien même celle-ci ne débouche pas sur un dénouement concret, j'ai l'espoir que tous les participants vont au moins réfléchir davantage et qu'elle apportera finalement une bénédiction.

Demande à l'ange de t'accompagner dans ton travail tout au long de la journée, afin qu'une bénédiction puisse en émaner ; qu'il t'accompagne aussi dans tes entretiens compliqués ; ou dans ta classe avec des élèves difficiles, afin que tu ne fasses pas une fixation sur leur indiscipline. Il te montrera peut-être que d'eux aussi peut venir une bénédiction et, grâce à lui, tu les regarderas avec espoir et amour, tu les aborderas autrement et ton enseignement sera différent, lui aussi. Demande à l'ange de t'assister si tu vas rendre visite à une amie malade. Tu n'auras pas alors besoin de t'inquiéter des paroles que tu vas prononcer. L'ange te délivrera de la peur devant la maladie de ton amie et devant ton impuissance. Il te dira : « Va simplement vers elle, cela lui fait du bien. Ne réfléchis pas à ce que tu dis ; sois simplement auprès d'elle et je te soufflerai les mots qui deviendront une bénédiction pour elle. »

11
L'ANGE DE LA DÉCISION

Nous manquons parfois de caractère lorsqu'il nous faut prendre une décision. Peut-être cela vient-il de ce que notre père ne nous a pas montré l'exemple ? Peut-être est-ce parce que nous voudrions toujours prendre la bonne et que nous nous rendons compte qu'il n'en existe pas d'absolument juste ? Ou bien est-ce parce que nous voulons maintenir les portes toujours ouvertes et constatons qu'elles se ferment l'une après l'autre ? Est-ce parce que nous avons peur de la critique éventuelle de l'option que nous prenons ? Mais, nous le savons aussi, si nous reculons devant une décision à prendre, nous faisons mal les choses.

Si tu te trouves dans une telle situation, fais appel à l'ange pour qu'il t'épaule. Il est intérieurement clairvoyant et déterminé et peut être de bons conseils. Sois à l'écoute de toi-même, il va te parler et faire monter du tréfonds de ton âme les élans qui vont t'orienter vers la décision que tu dois prendre. La bonne est celle qui t'apportera la paix, la liberté, l'entrain et l'amour.

Certains de nous, nombreux, brûlent trop d'énergie lorsqu'ils ont à prendre une décision :

est-ce que je fais ce qu'il faut ? Quelles conséquences mon choix va-t-il avoir ? Qu'est-ce que les autres vont en dire ? Au lieu de te mettre ainsi la tête à l'envers, adresse-toi à l'ange. Auprès de toi, il te donnera le courage d'écarter toutes les extrapolations qui te minent et dont tu as peur, il t'aidera à faire confiance à ton intuition pour que tu fasses simplement ce que te dicte ton cœur.

D'autres optent, mais remarquent tout à coup qu'ils n'ont pas considéré assez l'alternative et le déplorent : l'autre choix n'aurait-il pas été plus judicieux ? Ce regret, lui aussi, est un gaspillage d'énergie et les empêche surtout de se consacrer pleinement à ce qu'ils ont décidé. Dans ce cas, l'ange de la décision peut également aider. Si tu fais appel à lui, il va te dire : « Laisse de côté tes regrets et adonne-toi au choix que tu as fait. Tu vas certainement rencontrer des difficultés, mais cela ne voudra pas dire que tu as pris la mauvaise décision. Le chemin que tu dois suivre est celui que tu as tracé en optant pour elle et les obstacles que tu vas avoir à surmonter sont précisément le défi qu'il te faudra relever pour avancer intérieurement. » C'est seulement si tu sens que tu te trouves dans une impasse que tu peux une fois encore t'arrêter et demander à l'ange de la décision de te conseiller et te guider sur une nouvelle voie.

12
L'ANGE DE L'À-PROPOS

Il nous arrive de n'être pas toujours à ce que nous faisons, soit parce que nous sommes plongés dans nos pensées ; soit parce que nous n'arrivons pas à nous déconnecter de notre travail ; soit encore parce que nous sommes tourmentés par tout ce qu'il nous reste à faire. Nous pensons à certaines personnes au lieu de prêter attention à celle qui se trouve en face de nous. Nous nous promenons en forêt, mais ne voyons ni le chemin que nous suivons ni les arbres, nous n'entendons ni le chant des oiseaux ni le murmure du vent, nous sommes prisonniers de nos ruminations. Nous ne sommes pas dans l'instant, nous ne sommes pas dans le présent. C'est alors que nous avons besoin de l'ange de l'à-propos qui nous invite à être précisément dans l'instant que nous vivons. Le présent, ce moment est le moment approprié. Si je suis totalement « là », cet instant est mien et c'est le bon. Mais si je suis « ailleurs », je suis hors du temps. Il va passer à côté de moi et je ne cesserai de courir après.

L'ange de l'à-propos m'encourage à m'arrêter pour être à l'écoute de moi-même. Qu'est-ce qui remue en moi juste à ce moment? Quelles pensées bourdonnent dans ma tête? Il m'invite alors à les passer en revue et à me concentrer sur tel point précis, sur cet endroit où je me trouve, sur cette minute.

Permettre à l'ange de m'arrêter sur l'instant présent est un moment précieux d'où sont absents le passé et l'avenir. Je n'ai pas à revenir sur ce qui est derrière moi ni à le ressasser. Je n'ai pas besoin non plus de me préoccuper de ce qui va advenir. Je suis exactement dans l'instant, et dans cet instant, tout est rassemblé. Je suis un avec Dieu et avec moi-même, je ne fais qu'un avec le temps, je suis serein et je suis là, tout simplement.

13
L'ANGE QUI NOUS LAISSE DU TEMPS

Une femme m'a raconté un jour que même le repassage la mettait sous pression, qu'elle ne parvenait pas à s'abandonner à ce qu'elle faisait, qu'elle se disait, au contraire : « Il faut que tu aies terminé dans une demi-heure ! » et qu'elle était constamment dans la peur de ne pouvoir y arriver. Cette femme n'est pas une exception. J'entends souvent les gens se plaindre de la même chose : je n'ai pas le temps de me poser pour réfléchir à ce que je dois faire, à la décision que je dois prendre. Je dois me dépêcher de faire ce que mon supérieur attend de moi. Les enfants me pressent de répondre immédiatement à leurs questions, d'accéder à leurs demandes. Le pasteur lui-même, ou le prêtre, voudrait savoir tout de suite si je vais pouvoir aider à la kermesse, ou si je vais prendre un groupe en charge pour la préparation à la confirmation. Tout va trop vite pour moi et il arrive que cette tension constante me fasse faire de mauvais choix. Je dis oui, par exemple, alors que j'aurais voulu dire non, et je m'irrite alors de m'être laissé embobiner une fois de plus.

La plupart du temps, nous nous mettons la pression nous-mêmes. Dans ces cas-là, faisons appel à l'ange qui va nous dire : « Prends le temps ! Ne te bouscule pas. Tu ne devrais pas laisser les autres te dicter ce que tu dois faire ni quand tu dois le faire, le moment où tu dois prendre une décision. Tu n'es pas là pour répondre à toutes les attentes des autres et tu ne dois pas non plus te stresser. Sois toi-même. Donne-toi du temps. C'est ta vie. Autorise-toi à être là, simplement. »

Si tu sens la pression te gagner, fais une pause et invite l'ange. Parle avec lui, écoute-le et sois attentif à son conseil : « Pourquoi te mets-tu donc sous tension ? Que veux-tu faire après ? Tu dis que tu voudrais enfin pouvoir te reposer. Mais tu vas voir que si tu te laisses du temps, la demi-heure de repassage sera déjà un moment de repos, de tranquillité, car il t'appartiendra. Alors ne te laisse pas bousculer, sois totalement à ce que tu es en train de faire. » Si tu suis ce conseil de l'ange, le temps lui-même va devenir un ange, il va te mettre des ailes et t'appartenir. Tu n'auras pas besoin de rendre compte du temps qu'il te faut pour accomplir telle ou telle tâche. L'ange va t'offrir une liberté intérieure et ce moment dont il va te faire cadeau, tu vas le vivre comme un bienfait. Tu pourras t'accorder le temps de lire sans compter le nombre des pages que tu vas parcourir en une demi-heure. Et, une fois terminée cette pause lecture, tu n'auras pas à te dépêcher d'aller faire les courses. Laisse-toi guider par l'ange, ta journée sera agréable et tu pourras faire une foule de choses. Et le soir venu, en signe d'approbation, l'ange te dira : « Tu as bien rempli ta journée. Suis-moi demain encore et tu verras que tu es bien plus productif que si tu te stresses toi-même ou si tu laisses les autres te mettre sous pression. »

14
L'ANGE DU « JUSQUE-LÀ ET PAS PLUS LOIN ! »

Il existe des gens qui n'ont pas le sens des limites. Quand nous leur parlons, ils sont si près de nous que c'en est désagréable. Dans les discussions que nous avons avec eux, leur curiosité est gênante. Nous leur racontons peut-être des choses très personnelles qui ne regardent en rien les autres, et nous nous irritons de n'avoir pas imposé de limites claires. Lorsque nous sentons monter en nous cet agacement, invitons l'ange qui va leur dire : « Jusque-là et pas plus loin ! » Pour que la relation aux autres réussisse, il faut savoir bien distinguer proximité et distance – ce qui ne pose pas de problème dans une rencontre « normale ». Mais il semble que certaines personnes ignorent la distance.

Un client entre dans ma boutique. Je le sers et il me dit soudain : « Vous êtes si pâle ! Vous devez avoir des soucis. Qu'est-ce qui vous tourmente ? Un chagrin d'amour ? » Une telle indiscrétion m'indigne : qu'est-ce qui lui permet de me poser des questions aussi intimes ? Par courtoisie, j'essaie toutefois de lui dire quelque chose et me révolte contre chaque mot que je prononce.

C'est le moment de faire appel à l'ange qui va me donner le courage de dire, sans agressivité envers l'intrus qui s'immisce ainsi dans ma sphère personnelle : « Stop ! Pas plus loin ! C'est moi et personne d'autre qui décide de quoi je veux parler. Je n'ai aucune envie de vous faire part de mes états d'âme. » L'ange étend devant moi ses ailes protectrices, ordonne à l'autre de ne pas aller plus loin et me souffle les mots justes qui vont aimablement le tenir à distance, sans l'offenser, mais avec suffisamment de fermeté pour qu'il cesse de poser ses questions indiscrètes.

Ce peut être aussi un voisin à qui je viens volontiers en aide parce qu'il me l'a demandé, mais qui, lui non plus ne connaît pas les limites. Par amitié, je l'ai invité à prendre un café et voilà qu'il aimerait revenir bavarder chaque jour – ce qui n'était pas du tout mon intention première. Comment lui faire comprendre poliment que ma proposition n'est pas destinée à devenir une habitude ? L'ange va alors me protéger contre cet importun et veiller à ce que soient maintenues les limites à l'intérieur desquelles je me sens libre. Il m'invitera ensuite à les dépasser si *je* le veux, et non pas parce que l'autre m'y accule.

15
L'ANGE DU « MAINTENANT, CELA SUFFIT ! »

Tu as invité des amis à dîner et vous discutez maintenant confortablement autour d'un verre de vin rouge. Mais tes invités ne semblent pas du tout disposés à rentrer chez eux. Toi, tu avais pensé que la soirée s'achèverait vers 22 heures. Mais il est déjà minuit et ils semblent se trouver si bien qu'ils aimeraient bien rester plus longtemps encore. Cela t'agace intérieurement, mais tu ne te résous pas à les reconduire simplement jusqu'à la porte.

Tu aimerais que l'ange leur dise : « Maintenant, cela suffit ! » Mais il ne va pas leur parler si abruptement. Il va plutôt te murmurer à l'oreille la manière dont tu pourrais aimablement leur indiquer que oui, la soirée a été sympathique, mais qu'il serait temps d'y mettre fin avant qu'elle le devienne moins. Ou bien il va te souffler des mots plus courtois, susceptibles de faire comprendre à tes invités que l'heure est venue d'aller se coucher.

Une amie est venue te voir pour vider son cœur. Tu l'écoutes et essaies de te mettre à sa place et de la comprendre. Mais elle te noie sous un flot de paroles et passe sans arrêt du coq à l'âne, si bien que tu ne sais plus du tout ce qu'elle attend de toi, de quel conseil et de quelle aide elle a besoin. Elle raconte et raconte et tu te sens de plus en plus impuissant. Tu as l'impression d'être une poubelle dans laquelle elle déverse tout ce qui l'énerve et lui déplaît dans la vie. Tu n'arrives pas à placer un mot. Tu pensais qu'elle était venue chercher conseil auprès de toi, mais elle ne fait que parler d'elle. Tu sens l'irritation monter en toi et tu invoques l'ange qui dit : « Maintenant, cela suffit ! » Bien sûr, il va parler plus aimablement. Mais si tu l'écoutes, il va te chuchoter les mots qui vont mettre fin à la logorrhée de ton amie et l'amener à en venir à l'essentiel : « Comment voudrais-tu t'y prendre avec tout ce que tu m'as raconté ? De quoi as-tu besoin ? Qu'est-ce qui t'aiderait ? » L'ange va te permettre de respirer à nouveau, t'inciter à prendre toi-même l'initiative de diriger l'échange au lieu de te laisser accabler par cette cascade de paroles, et puisque tu auras repris ton souffle, tu pourras retourner sereinement à tes affaires quotidiennes. Tu pourras laisser ton amie, tu l'auras écoutée, mais tu l'auras aussi clairement amenée à comprendre que c'est à elle d'entreprendre quelque chose et qu'elle ne résoudra pas ses problèmes par un discours sans fin.

16
L'ANGE AU VISAGE DE CLOWN

Paul Klee a peint de nombreux anges aux visages différents et aux associations diverses. Parmi eux, l'ange clown. Georges Rouault a également représenté un Jésus à tête de clown. Dans le théâtre anglais, le clown, à l'origine, est un rustre. Le mot dérive du latin *colonus*, qui signifie paysan cultivateur, colon. C'est donc un homme simple, l'homme originel qui porte un regard candide sur toute chose et qui, de par sa manière naïve et directe, n'entre pas bien dans le cadre de notre monde complexe. Il est présent dans tous les cirques : les gens s'amusent de ses maladresses, il se bat contre des obstacles, s'emmêle les pieds, mais il épate et réjouit aussi par son ingéniosité qui le conduit toujours à trouver des solutions surprenantes aux situations les plus difficiles. Il a aussi quelque chose de la simplicité des enfants et il fait rire les gens.

Aujourd'hui, il y a des clowns d'hôpitaux. Des hommes et des femmes qui ont reçu une formation spécifique se rendent dans les hôpitaux et apportent la gaieté et le rire dans la vie des malades, des enfants surtout, montrent que la vie reste belle en dépit de toutes les souffrances.

Quand tu te prends les pieds dans le tapis et que tu es en colère contre toi-même, il te faut l'ange au visage de clown qui, contre ton agacement, va t'inviter à prendre l'incident avec humour, à en faire une facétie et le rendre ainsi plus léger. Tu peux aussi faire appel à l'ange lorsque tu es triste de voir qu'un souhait auquel tu tenais n'a pas été réalisé. En lui parlant de ta déception, tu vas bien vite te rendre compte que tes désirs sont souvent puérils et que tu penses souvent avoir toutes les bonnes raisons de t'apitoyer sur toi-même pour des choses tout compte fait assez futiles. L'ange clown va te réconforter, mais il va aussi transformer ta tristesse. Cette tristesse, il la connaît. Il a souvent le visage triste. Mais lui sait la braver en faisant, en pleine déconvenue, les grimaces qui déclenchent le rire. L'ange clown voudrait aussi transformer la tienne en jouant avec elle. Et tout à coup, l'abattement que tu ressens va perdre de son importance et te sembler risible. L'ange clown ne te fait aucun reproche lorsque tu penses que ta tristesse est justifiée : il la rejoue en en faisant un drame, une tragédie, une tragédie qui va soudain se transformer en comédie. Tu vas te mettre à rire et tout ce qui te paraissait si déconcertant et compliqué quelques minutes auparavant va se dénouer. Tu vas réaliser que, finalement, ce n'est pas si grave. L'ange au visage de clown t'apprend à reprendre confiance dans la vie.

17
L'ANGE DE LA BONNE HUMEUR

Au Moyen Âge, on pensait que l'humeur des gens dépendait en grande partie des changements de lune. Ne dit-on pas d'ailleurs « être bien ou mal luné » ? Attribuer nos mouvements d'humeur à ceux de la lune était une façon de se dire : « Je n'y peux rien, je ne suis pas responsable de mes états d'âme, ils sont tout simplement liés aux différentes phases lunaires. » Et aujourd'hui encore, nombreux sont ceux qui disent être trop énervés les nuits de pleine lune pour trouver le sommeil. Bien sûr que notre disposition psychique peut être tributaire de circonstances sur lesquelles nous n'avons aucun pouvoir, mais nous avons manifestement tendance à en rendre responsable telle ou telle conjoncture : je suis mal luné aujourd'hui parce que le temps est affreux, qu'il pleut alors que j'aimerais voir briller le soleil ; ou bien parce qu'on étouffe et que j'aimerais bien qu'il fasse plus frais. Ici, c'est le temps qui est cause de ma mauvaise humeur, mais parfois, ce sont aussi les gens : il m'est impossible d'être de bonne humeur à côté d'un bonhomme pareil. Ou bien parce que les choses ne marchent pas comme je le voudrais et qu'il m'est arrivé un petit malheur. Ou encore parce que quelqu'un m'a critiqué... Les occasions ne manquent pas.

L'ange de la bonne humeur me rend indépendant des phases lunaires et des contrariétés extérieures. Il me met en contact avec mon âme qui recèle toujours les contraires : la joie et la tristesse, l'entrain et l'abattement, la bonne humeur et la mauvaise. L'ange n'a pas pour objectif de simplement réprimer la mauvaise, mais il lui ôte son pouvoir en me conduisant au tréfonds de mon âme où se trouve la bonne humeur. Bien des gens pensent que tout en eux est empli de morosité ; mais c'est seulement parce qu'ils se sont installés dans cet espace-là de leur âme et qu'ils ont négligé les autres. L'ange de la bonne humeur ne nous fait aucun reproche. Mais il va nous prendre par la main pour nous conduire à côté et, tout à coup, nous allons voir autrement les choses, les motifs de notre grogne vont nous sembler ridicules. L'ange ne nous met pas sous pression en nous enjoignant d'être enjoués. Il nous comprend, mais il prend soin de nous montrer une meilleure alternative : « C'est vrai, on ne vit pas bien dans l'espace de la mauvaise humeur où tout nous paraît sombre. Allons ensemble dans celui plus lumineux de la bonne humeur, et tu verras que tu vas te sentir tout autre. » C'est précisément lorsque tout va de travers ou lorsque je me lève du pied gauche que j'ai besoin de cet ange qui ne me blâme pas dès le matin - ce qui ne ferait que me renfrogner plus encore. Il se contente de m'entraîner vers d'autres espaces de mon âme, afin que je puisse porter sur les choses un regard plus clair et plein d'espoir. Mon humeur va changer, mais aussi mon regard sur la vie. Je vais entamer la journée de manière positive et ne plus me laisser conduire hors de cet espace de lumière et tout va devenir d'un coup plus clair, plus gai, plus réjouissant.

18
L'ANGE DU « NE TE FÂCHE PAS ! »

À l'atelier d'orfèvrerie du monastère, un orfèvre a eu l'idée de créer un ange à l'image d'un pion du jeu de société « Mensch ärgere dich nicht » (Ne te fâche pas)[1]. Cette figurine d'ange répond manifestement à une certaine nostalgie chez les gens, car il a beaucoup de succès et est très demandé.

Lorsque j'étais enfant, je jouais souvent à ce jeu avec mes frères et sœurs et mes parents. Je n'aimais pas perdre et mettais toujours un point d'honneur à renvoyer au point de départ les pions des autres joueurs. Mais s'il arrivait pareille mésaventure à mes propres pions, je ne trouvais pas cela drôle du tout et je me mettais en colère. Dans la même situation, ma mère, au contraire, s'en moquait complètement et cela la faisait rire. C'est qu'elle devait avoir toujours l'ange du « Ne te fâche pas ! » auprès d'elle. Elle aimait jouer et ne cherchait pas à gagner absolument. Mon

---

1. Le « Mensch ärgere dich nicht » est l'équivalent en France du Jeu des petits chevaux.

père aussi restait imperturbable lorsque nous rejetions ses pions. L'ange de la sérénité était à ses côtés.

La simplicité du jeu des petits chevaux a fait la joie de toutes les générations, à toutes les époques. C'est certainement parce qu'il aborde et déploie divers aspects importants de la vie. En effet, nous nous trouvons souvent dans des situations qui nous fâchent : j'arrive quelques minutes en retard à la gare et le train vient de partir ; je fais mes courses et quelqu'un vient précisément d'acheter l'anorak que j'avais en vue ; la tasse que je préfère m'a échappé des mains et s'est brisée. C'est le moment d'appeler à la rescousse l'ange qui va me dire : « Ne te fâche pas ! La vie n'est qu'un jeu. Était-il vraiment si important que tu prennes ce train plutôt que le suivant ? Que tu achètes cet anorak plutôt qu'un autre ? Prends la vie plus à la légère, considère-la comme un jeu. » C'est justement parce que je garde le souvenir d'avoir souvent pris le jeu avec le plus grand des sérieux dans mon enfance que j'ai besoin de l'ange, aujourd'hui encore, non seulement quand je joue, mais aussi dans la vie lorsque les autres s'en prennent à mes pions, mes idées, mes désirs et mes projets. Il m'ouvre les yeux et m'aide à prendre la vie et les choses avec un peu plus de légèreté, plus sereinement, comme pour un jeu. J'entends également la voix de cet ange dans le poème de

Joseph von Eichendorff et je décide de l'écouter plus souvent : « La vie est un jeu et gagne celui qui sait bien jouer. »

19
L'ANGE DU DEMI-TOUR

Il y a plusieurs années, il m'est arrivé souvent de passer des vacances en solitaire dans les monts du Steigerwald. Je faisais de longues promenades en forêt et me suis égaré à diverses reprises, lorsque le sentier n'était plus balisé. Je savais par quel chemin j'étais venu et, la plupart du temps, je pensais, par orgueil, que j'allais le retrouver moi-même, que je n'avais qu'à me fier à mon sens de l'orientation. Mais au bout d'un moment, il fallait bien que je me rende à l'évidence: mes recherches restaient vaines. J'avais alors besoin de l'ange qui allait m'aider à faire demi-tour. Cela m'était difficile: il devait commencer par mettre un mouchoir sur mon orgueil et ma prétention, et me faire ensuite accepter que faire tout simplement demi-tour était le seul moyen qui me permettrait de retrouver l'auberge.

Cet ange du demi-tour, tu n'as pas seulement besoin de lui lors de tes randonnées dans des contrées mal connues. Tu dois parfois t'avouer que tu empruntes, dans la vie de tous les jours, des chemins qui ne mènent nulle part et qu'il te faut faire demi-tour et revenir sur tes pas.

Par exemple, tu as voulu tenter, dans ton entreprise, une nouvelle voie que tu pensais être plus productive, et tu te rends compte que tu as fait fausse route. Ou bien tu essaies de convaincre un collaborateur récalcitrant dans l'espoir de le faire changer d'avis et tu sens que tu échoues dans tes tentatives. Ou bien encore, tu as conçu des méthodes d'éducation pour tes enfants et, là aussi, tu t'es trompé. Dans toutes ces situations, tu as besoin de l'ange du demi-tour, car tu as du mal à reconnaître que tu t'es égaré. L'ange du demi-tour n'est pas seul à tes côtés. Il doit travailler en coopération avec d'autres anges, afin de t'encourager à revenir sur tes pas. L'ange du courage notamment, qui va t'aider à reconnaître ton échec. Et l'ange de la confiance qui va te convaincre qu'il faut que tu fasses demi-tour. Et aussi l'ange de la persévérance, car il en faut pour faire machine arrière et revenir au point de départ. L'ange du demi-tour viendra toujours à ton secours avec toute son équipe pour vaincre la tienne, les vétérans que sont l'orgueil, la fierté, l'entêtement et l'étroitesse d'esprit. Et si tu lui fais confiance, il finira par te conduire vers la liberté et vers ton objectif.

20
L'ANGE DE L'ANTIPESSIMISME

Les pessimistes invétérés voient toujours le verre à moitié vide, n'ont pas confiance dans l'avenir et trouvent que, de toute façon, tout était mieux avant. Ils ne retiennent des nouvelles que les mauvaises, l'économie va mal, sans parler de la morale, ils flairent la catastrophe climatique derrière chaque intempérie, la vie en ville est de plus intolérable, les voisins sont de plus en plus difficiles à supporter bref, pour ces Cassandre, le monde prend l'eau. Et ils sont convaincus que tout cela ne peut qu'empirer. Comment faire pour les rendre moins défaitistes ? C'est difficile.

L'ange de l'antipessimisme ne va pas déployer tout son art pour prouver au pessimiste que sa vision des choses n'est pas fondée. Il pourrait bien s'entretenir avec lui jour et nuit que cela ne servirait à rien. L'ange est plus habile. Il va lui demander : « Quel profit tires-tu à voir tout en noir ? » Cette question le provoque, l'agace peut-être, ou l'étonne. Si, avec des paroles mielleuses, l'ange voulait le persuader de voir le monde sous une couleur un peu plus rose, cela ne ferait que déclencher un débat interminable. Le broyeur de noir avancerait toujours de nouvelles raisons pour ne pas démordre de son point de vue. Mais quand même, la question que lui pose l'ange le tarabuste et ne lui laisse pas de repos. Et pour peu que l'ange de l'antipessimisme s'accompagne en plus de celui de la patience et de celui de la constance, il se peut que le pessimiste finisse par voir s'élargir sa façon de penser : c'est vrai, je suis défaitiste au point de faire porter la responsabilité de mon avenir par d'autres, de ne pas avoir à me justifier moi-même de ne rien faire, de ne rien entreprendre pour moi ni pour un avenir sensé.

L'ange de l'antipessimisme attend en compagnie de ses deux acolytes que la question qu'il a posée s'infiltre lentement dans le cœur de son client. Puis il demande l'aide d'un autre ange encore, celle de l'ange charmeur, afin de faire éclore, en toute délicatesse, chez le pessimiste triste, une autre vision. Ne pourrait-il pas essayer de voir le verre à moitié plein ? Que se passerait-il s'il envisageait plus positivement son avenir ? N'a-t-il pas envie d'en faire l'expérience ? Les anges ne lui recommandent pas de devenir optimiste, mais seulement de faire des essais, juste de petites expériences, et de discerner en lui ce qu'elles peuvent avoir comme effet. S'il se sent mieux après l'une d'elles, pourquoi alors ne pas faire une nouvelle tentative ? L'ange de l'antipessimisme a confiance : une vision plus claire va peu à peu s'imposer au pessimiste : le monde va lui sembler tout à coup plus amical et la vie vraiment plus légère.

21
L'ANGE DU PARTAGE

Tous les parents invitent leurs enfants à partager leur tablette de chocolat ou à prêter exceptionnellement leurs jouets, mais ils n'obtiennent pas toujours satisfaction ! Les enfants sont souvent possessifs : « Il est à moi ce jouet ! » et préfèrent garder leur chocolat pour eux seuls. Ce besoin de possession est manifestement inné et ce que les petits montrent ouvertement, les adultes le ressentent aussi. Ce que nous possédons, nous le voulons pour nous seuls. J'ai du mal, pour rendre service à mon voisin dont la voiture est au garage, à prêter la mienne ; ou bien mon ordinateur parce que le sien est en panne. Il pourrait ne pas en prendre soin ou avoir un accident. Et puis, pour prêter ma voiture, il faut prévenir l'assurance et je n'ai pas envie de faire les formalités. Bref, j'ai un tas de bonnes raisons de ne pas aimer partager et de garder pour moi ce qui m'appartient. J'ai donc besoin de l'ange qui va m'encourager au partage. S'il parvient à me convaincre, je vais m'apercevoir qu'aider l'autre en lui prêtant ma voiture ou mon ordinateur va lui faire plaisir, mais va aussi me faire plaisir à moi.

Mais je ne suis pas le seul que l'ange du partage encourage à faire profiter l'autre de mon bien. Il peut aussi être un cadeau pour moi dans le sens inverse : par exemple, un ami m'a proposé de profiter de son chalet à la montagne, et j'y ai passé de merveilleuses vacances. Et l'ange nous fait aussi profiter des expériences des autres : quelqu'un me raconte celles qu'il a faites dans tel pays, dans telle entreprise, ou en menant telle affaire, et cela me rend plus confiant, me montre des moyens d'opérer dans certaines situations. Je suis reconnaissant si un ange du partage peut me faire participer à ses propres expériences.

Et puis, je sais aussi que partager une souffrance la rend moins douloureuse ; qu'une joie partagée est double ; que cela me fait beaucoup de bien lorsque quelqu'un compatit à ma peine. Sa compassion ne signifie pas qu'il m'en fait bénéficier pour ainsi dire d'en haut, mais qu'il s'ouvre vraiment à ma souffrance, qu'il y prend part et qu'en la portant avec moi, elle devient plus légère. Je ne me sens pas seul ; quelqu'un partage avec moi la douleur que j'éprouve à la perte d'un être cher, par exemple. Le deuil d'un parent ou d'un conjoint est d'autant plus difficile qu'on est seul à le faire. Mais si quelqu'un se tient patiemment près de moi et compatit à ma peine, celle-ci me semble moins lourde. Je ne me sens moins à part. Avec la joie, c'est l'inverse. Nous avons en nous le besoin de manifester notre joie devant les autres. Et s'ils se réjouissent sincèrement avec nous, cela la rend plus intense encore, elle est deux fois plus profonde. Nous sommes heureux ensemble de la réussite d'un examen, nous partageons la joie de marier notre fille, de ce que notre fils est engagé au poste qu'il convoitait. Il est bon d'inviter l'ange du partage à nous épauler, afin que nous puissions partager avec les gens avec qui nous vivons nos biens, notre souffrance, notre joie et nos expériences. Et nous devons croire que l'ange du partage n'est pas présent seulement auprès de nous, mais aussi auprès de ceux de qui nous sollicitons un service. Il nous est souvent difficile de demander à quelqu'un de nous prêter quelque chose ou de nous faire partager ses connaissances. L'ange du partage nous encourage à le faire et nous fait ensuite cadeau de la reconnaissance et de la joie lorsque le partage est réussi.

22
L'ange de la retenue

Il y a des situations dans lesquelles je ne peux pas retenir ma colère. J'ai pris un rendez-vous chez le médecin, par exemple, et je bous parce que cela fait plus d'une heure déjà que je patiente dans une salle d'attente archipleine. J'ai envie de me plaindre haut et fort auprès de l'assistante, mais cela ne ferait qu'empirer la situation. C'est que mon propre besoin passe après les urgences qui ont été nombreuses aujourd'hui.

Il me faut alors l'ange de la retenue. À l'oreille, il va me susurrer: «Garde ton calme et réfléchis. Est-ce bien le moment d'exprimer ton mécontentement? » Le médecin et son assistante sont peut-être aussi mal à l'aise de cette situation, car cela leur est désagréable de faire attendre les patients. Si tu ne peux pas retenir ton agacement, le traitement médical que tu es venu chercher n'aura pas de bons effets. Des émotions vont s'installer entre le médecin, sa secrétaire et toi, qui vont troubler votre rapport et, du même coup, ta guérison. L'ange de la retenue va régler le problème à ton profit et tu vas voir que la consultation te sera bénéfique.

Un autre exemple : dans le train, le contrôleur t'annonce que tu ne vas pas avoir le temps d'attraper ta correspondance. Tu n'as qu'une envie : lui tordre le cou, parce que tu le rends responsable de ce que les trains sont toujours en retard et de ce qu'on ne peut pas se fier aux horaires ! Dans ce cas aussi, il serait bon que tu commences par consulter l'ange de la retenue. Peut-être va-t-il te dire : « Le contrôleur n'y peut vraiment rien ! Des voleurs ont dérobé une caténaire et les retards se sont enchaînés. Il en est lui-même désolé. » L'ange de la retenue t'invite à prier aimablement l'employé qu'il t'indique une autre possibilité et il est probable qu'avec son aide, tu vas trouver une solution qui te conviendra.

J'ai parfois besoin d'avoir recours moi-même à l'ange de la retenue. Notamment lorsqu'il s'agit du partage des tâches au monastère, et que certains frères s'imaginent un peu trop souvent entendre la voix de l'ange et se retiennent justement dès lors qu'il est question de travail. Je laisse alors un peu trop vite libre cours à mon élan : tant pis, je vais le faire moi-même, j'en trouverai bien le temps. Mais après avoir ainsi accepté, je me dis que j'aurais peut-être mieux fait d'en discuter d'abord avec l'ange de la retenue, qui m'aurait conseillé sur ce que je pouvais assumer moi-même et ce que je devais et pouvais laisser aux autres. Car il peut m'apprendre à tenir bon et à garder mon calme et le silence si personne ne se manifeste pour la prise en charge de telle ou telle tâche. En effet, certains attendent que l'un d'eux ne supporte plus la frustration et lève le doigt. Mais cela n'est positif pour personne. Dans ce cas précis, l'ange me montre la juste mesure entre retrousser les manches et rester en retrait ; une juste mesure qui, à la longue, sera d'un grand secours, non seulement pour le bien-être de la vie en communauté, mais pour celui de mon âme.

23
L'ANGE DU COMPLIMENT

Les salariés sont nombreux à se plaindre de ne jamais être complimentés par leur hiérarchie. Certes, durant les séminaires de direction, leur chef apprend qu'il est bon de féliciter les employés, parce que cela les motive. De retour à l'entreprise, il met à exécution l'enseignement qu'il a reçu au séminaire, mais au bout de deux semaines, son attitude n'apparaît plus très sincère aux employés qui ne croient pas à l'authenticité de ses louanges. Ils se rendent compte, et se le disent entre eux, que leur chef aura vite fait d'oublier ce qu'il a appris ! Alors au lieu de faire comme lui, c'est-à-dire de t'entraîner à faire coûte que coûte des compliments, ou de les utiliser comme une stratégie pour désarmer ou récupérer un collaborateur, adresse-toi à l'ange de la louange. Il va t'apprendre à complimenter, te montrer comment et à quel moment tu dois le faire. Il va accompagner ses paroles d'une légère impulsion : « Un employé a bien travaillé. Dis-le lui. Complimente-le. Mais ne sois pas maladroit. Intéresse-toi à ce qu'il a fait, invite-le à te le raconter, et reconnais ouvertement et sincèrement qu'il a été productif. » L'ange te garde de faire mauvais usage du compliment en l'utilisant comme une combine ou un exercice imposé. Il va te pousser à trouver le mot juste, au bon moment, afin que l'autre l'accueille comme tel. Si tu emploies des mots exagérés, ton employé va sentir qu'ils ne viennent pas vraiment de toi et que le compliment que tu fais est artificiel. Lui, il aspire à être félicité de manière honnête et naturelle.

De nombreuses mères de famille aussi, qui s'occupent consciencieusement et avec amour de leur ménage, qui s'appliquent chaque jour à préparer de bons repas, déplorent que leur mari et leurs enfants y voient quelque chose de tout à fait normal. Elles ne reçoivent jamais un mot de reconnaissance, jamais on ne leur dit que le déjeuner ou le dîner est bon, que la table est joliment dressée, que la maison est propre. Elles ne demandent pas à être sans cesse complimentées, mais elles aimeraient bien que leur travail ait de temps en temps une résonance positive. Il est vrai que l'on dit parfois que ne pas râler, c'est déjà complimenter. Mais l'ange de la louange ne se contente pas de cela. Les mots allemands *loben* (louer), *lieben* (aimer) et *glauben* (croire) sont apparentés. « Louer » a le sens de nommer avec amour, accepter, dire des mots aimables. Mais je ne peux dire des mots aimables que si je crois en la bonté, en ce qui m'apparaît bon en l'autre et si j'y prends plaisir et l'apprécie à sa juste valeur. Un compliment perd son fondement si je le fais sans y croire. Si j'y suis forcé, il ne touche pas l'autre. Pour pouvoir bien complimenter quelqu'un, il me faut d'abord croire, porter un bon regard sur lui et sur ce qu'il fait ; je trouverai alors les mots justes qui le toucheront. L'ange de la louange m'aide à aimer l'autre, puis à trouver les mots qui reflètent ce qui est bon en lui. Ces mots seront alors bienfaisants pour tous : pour celui qui les prononce, pour celui qui les mérite et à qui ils s'adressent et pour ceux qui les écoutent.

24
L'ANGE DU CHARME

Aujourd'hui, tout est allé de travers. J'ai commencé par rayer ma voiture neuve en sortant du garage. Après quoi, j'ai dû rouler pendant plusieurs kilomètres au pas derrière une file de voitures bloquées par un tracteur qui ne voulait tout simplement pas bifurquer. Du coup, quand je suis arrivé à mon bureau, ma place de parking était occupée et comme j'étais en retard, on m'a froidement accueilli. Il m'a fallu l'ange du charme, qui m'a si amicalement souri que ma mauvaise humeur s'est subitement évanouie ! L'ange du charme ensorcelle et est capable ainsi d'aplanir toutes les petites contrariétés. Le mot « charme » dérive du latin *canere* (chanter, prononcer des formules magiques) et du bas latin *carminare* (faire des vers). Quand je pense à l'ange du charme, je n'imagine pas qu'il chante, mais je vois un ange qui peut, grâce à son sourire ensorcelant, m'apporter l'équilibre intérieur que mes petits ennuis m'ont fait perdre. Comme par magie, il éloigne ma morosité et la transforme.

Si je demande un service à quelqu'un, je peux ne pas obtenir satisfaction. Il suffit que mon visage soit dur et exigeant, que le ton de ma voix soit rigoureux pour que mon interlocuteur ne puisse rien faire d'autre que se protéger en refusant. Là encore, il me faut l'ange du charme qui va m'emmener à son école. Il va me montrer comment aborder quelqu'un à qui je demande quelque chose. Si ma prière ressemble à un ordre, il y a de fortes chances pour que l'autre n'y accède pas. Mais l'ange va l'ensorceler de telle sorte que celui-ci ne pourra faire autrement que de me rendre le service demandé. Je brûlerais beaucoup moins d'énergie si l'ange du charme m'épaulait en permanence. Certains se mettent martel en tête dès qu'ils ont à demander quelque chose. Ils imaginent à l'avance ce qui pourrait dérailler et, par peur d'un éventuel refus, préfèrent faire les choses eux-mêmes. Mais cela éveille en eux une sorte d'aigreur, d'agressivité vis-à-vis des autres, prompts à attendre tout d'autrui, mais rarement disposés eux-mêmes à rendre service. Dans cette situation de crispation, l'ange leur serait d'un grand secours en habillant leur demande d'une force de persuasion faite de charme.

Et l'ange peut aussi me venir en aide dans la rencontre avec quelqu'un. Au lieu de me faire du souci en ne sachant pas trop ce que je vais dire à la personne, il me rend capable de l'aborder ouvertement, aimablement, amicalement, et de gagner ainsi son respect.

Il nous arrive parfois de dire de quelqu'un : il a du charme, il obtient toujours ce qu'il veut ! Mais gardons-nous de constater simplement : je suis charmant, ou je ne le suis pas. L'ange du charme nous met à bonne école et nous apprend à croire en notre propre charme et à le mettre en œuvre. Si nous avons recours à lui, cela nous simplifiera la vie en bien des choses. Nous serons plus légers et nous nous sentirons bien mieux.

25
L'ANGE MUSICIEN

Les artistes représentent souvent les anges faisant de la musique. Sur certains tableaux de la Nativité, notamment, les anges chantent ou jouent d'un instrument : de la flûte, du violon, de la harpe, de la trompette. Ce sont d'ailleurs souvent des angelots qui expriment leur joie vive et spontanée à l'occasion de la naissance de Jésus. Mais ces représentations ne sont pas nées seulement de l'imagination des peintres. On trouve déjà des anges musiciens dans la Bible. En parlant de la Nativité, Luc évoque une armée céleste d'anges qui louent Dieu et chantent des cantiques à sa grandeur : « Gloire à Dieu au plus haut des cieux. » Dans l'Apocalypse de Jean, le dernier livre de la Bible, ce sont encore des anges qui soufflent dans des trombones pour annoncer le Christ et le Jugement dernier. Mais le Livre de la Révélation fait aussi allusion à une douce musique céleste : « Et j'entendis une voix venant du ciel, comme la voix des citharistes jouant sur leurs cithares. Et ils chantent un cantique nouveau devant le trône » (Ap 14, 2s.).

Lorsque je suis à l'office et que j'entonne les cantiques d'une voix fatiguée et presque absente, les anges musiciens me feraient du bien si je pouvais les imaginer chantant à mes côtés avec tendresse et amour, mais aussi avec légèreté et en y prenant plaisir. Ils rafraîchiraient ma voix lasse et surtout, j'aurais le sentiment de n'être pas seul. Je pourrais unir ma voix à leur cantique de louanges, comme la liturgie ne cesse de m'y inviter.

Reinhard Mey[1] est l'auteur d'une chanson intitulée *Voilà les musiciens*. L'arrivée des musiciens dans la ville met celle-ci sens dessus dessous : enfin il s'y passe quelque chose ! Nous aurions bien besoin de l'ange musicien qui mettrait un peu d'animation dans notre ville, dans sa monotonie dont nous nous accommodons un peu trop facilement. Ma vie ressemble souvent à une petite ville ennuyeuse dans laquelle tout a sa place, mais qui n'est pas réellement vivante. L'ange musicien peut rendre vie à la petite ville de mon âme, y faire soudain résonner une musique qui va m'émerveiller, me donner des ailes et de l'entrain. Je vais alors d'un coup abandonner ma routine, sentir la joie de vivre dans l'air. Mon âme va s'envoler, je vais me sentir plus léger et porter un regard nouveau sur ce qui m'est familier. Ma ville intérieure va s'activer et s'épanouir.

1. Auteur-compositeur-interprète allemand né en 1942, plus connu en France sous le nom de Frédérik Mey.

26
L'ANGE DANSEUR

Sur les tableaux de la Nativité ou représentant la Vierge Marie, les anges exécutent souvent une danse céleste qui reflète la légèreté de l'être. En les contemplant, on comprend les mots du philosophe Ernst Bloch, pour qui la danse exprime notre désir et notre espoir du tout autre. Elle est la façon la plus vivante et la plus authentique de changer d'endroit, de quitter un lieu où nous séjournons habituellement et qui nous est familier. La danse est magique, elle nous conduit dans un autre monde, celui de la légèreté et de la liberté. Selon Bloch toujours, elle prend la pleine mesure du désir de l'être en mouvement empreint de beauté, elle l'envisage, le perçoit par tout le corps, comme s'il était d'ores et déjà une réalité présente.

Nous aspirons tous à éprouver cette légèreté et cette liberté intérieures, à être totalement dans notre corps. Nous nous sentons souvent déchirés entre le corps et l'esprit, entre les diverses attentes également, qui nous submergent. Dans la danse, nous pouvons nous oublier. Nous sommes totalement en nous-mêmes. Avec la danse, c'est la tête, l'esprit qui passe dans le corps. Elle efface la séparation entre le corps et l'âme, la pensée et le sentiment, entre l'instant et les idées qui errent au loin. La danse nous conduit dans le présent, dans le corps, dans le pas immédiat; le suivant est tout. Se concentrer sur le prochain pas qu'il va falloir faire gomme le morcellement du temps et nous plonge dans le présent. Et lorsque nous sommes ainsi pleinement avec et en nous-mêmes, nous sommes très proches du rabbi juif dont la tradition hassidique raconte qu'il dansait si intensément qu'avec chaque pas, il accomplissait de saintes unions avec le divin.

Les mystiques affirment que les anges dansent l'éternelle danse de Dieu. Dans mon quotidien terrestre, j'aurais bien besoin de l'ange danseur qui m'aiderait à me mettre en mouvement, afin d'oublier tout ce qui est figé et pèse en moi et autour de moi, et m'inviterait à partager la légèreté céleste, délierait tous les liens qui m'enchaînent pour me conduire à ne faire qu'un avec moi-même et avec la Création.

Par leurs danses rituelles, les Indiens entendent se mettre à l'unisson des vibrations qui maintiennent en mouvement la Création. On raconte qu'un chef de tribu se mettait à danser dès qu'il sentait en lui les bienfaits des rayons du soleil. Nous aussi, parfois, nous éprouvons le besoin de danser dans le soleil ou sous la pluie. C'est une façon d'exprimer le désir de nous unir à la Création. Mais nous avons « désappris » cette danse spontanée qui nous fait oublier tout et, en même temps, nous unit avec tout ce qui existe. Il nous faut alors l'ange danseur qui va nous prendre par la main et danser avec nous. Il ne va rien nous enseigner ; seulement nous entraîner à participer à la grande danse des anges. Pour les pères de l'Église, le Christ, dans la ronde céleste, mène lui-même cette danse que les anges veulent exécuter avec nous, la danse de l'amour, la danse de la Création, celle qui nous conduit au-delà de toutes les choses terrestres, qui nous conduit hors du temps, et nous invite à prendre part, ici-bas déjà, à son mouvement, au pur instant d'éternité.

27
L'ANGE DE LA GAIETÉ

Les mots allemands *froh, fröhlich, freudig* (gai, joyeux) ont la même racine que le mot *Frosch* (grenouille). Et que fait la grenouille ? Elle fait des bonds, elle saute. Intrinsèquement, la gaieté a quelque chose de vivant, de sautillant. Elle bondit sur moi, me rend la vie plus légère. Quand ils sont joyeux, les enfants sautillent et rient entre eux, leur joie est contagieuse, elle nous entraîne.

Les enfants sont naturellement gais lorsqu'ils reçoivent l'amour de leurs parents et se sentent en sécurité auprès d'eux. Mais nous, les adultes, avons besoin de l'ange de la gaieté qui va nous sortir de l'auto-apitoiement dans lequel nous nous complaisons, qui va nous détourner de nos états d'âme dépressifs ou de notre colère contre ce qui s'est mis en travers de notre route. L'ange de la gaieté n'est pas impératif. Il ne nous enjoint pas : « Sois heureux, voyons ! » Il commence par nous ouvrir les yeux en nous ôtant les lunettes aux verres sombres qui obscurcissent notre vision du monde. Mais il ne va pas les remplacer par des verres roses. Il nettoie simplement les lunettes, afin que nous puissions voir aussi ce qui est clair et lumineux en toutes choses, et notre humeur va s'éclaircir du même coup. L'ange de la gaieté me donne un petit coup de coude et me murmure : « Ose être heureux. Tu sens bien qu'il y a de la gaieté en toi, mais tu penses devoir toujours porter un masque sérieux devant les autres. Tu veux te montrer serein, austère et sage, comme si tu étais équipé pour affronter le sérieux de la vie. Mais tu n'es pas seulement cela. Tu n'es pas seulement la personne rigide et dure que tu veux paraître. Tu as aussi en toi quelque chose de gai et de léger. » L'ange de la gaieté retire le masque et découvre mes yeux : ils sont gais et rieurs, j'ai le visage heureux. Il me met en contact avec la gaieté qui est toujours en moi.

Bien sûr, il est des gens qui ne peuvent laisser libre cours à leur joie, parce qu'ils ont été trop marqués par la vie, qu'ils ont enduré trop de souffrances. L'ange de la gaieté ne s'emploie pas à éliminer leur douleur ; elle existe, on ne peut la nier. Mais on peut la relativiser ; elle ne détermine pas complètement nos états d'âme. Au milieu de la souffrance, il y a aussi le soleil qui illumine un beau paysage, qui brille aussi dans notre nuit. C'est à lui que l'ange voudrait nous ouvrir. Et si nous nous tournons vers le soleil, notre humeur s'éclaircira elle aussi. Nous serons plus gais, plus vivants. Et si personne ne nous observe, nous pourrons même, parfois, sautiller et bondir de joie.

28
L'ANGE DU JEU

Les enfants aiment les jeux. Quand ils jouent, ils ne sont pas ailleurs, ils s'investissent totalement. Ils jouent avec ceux qu'on leur offre, mais n'arrêtent pas non plus d'en inventer de nouveaux. Que ce soit avec des pierres ou au bac à sable, tout pour eux est prétexte à jouer. C'est aussi une manière de s'entraîner à la vie, de découvrir et d'élargir leurs propres possibilités. Nous, les adultes, sommes nombreux à penser que le jeu fait partie de l'univers des enfants, que, pour nous, il n'y a pas de place pour l'imaginaire, pour la fantaisie gratuite, que la vie est quelque chose de sérieux et que cela seul compte. Pourtant, le jeu nous fait du bien aussi. En nous y livrant, tout simplement, en prenant la vie comme un jeu et tout un peu plus à la légère, nous échappons à la tyrannie de ce qui est utile à tout prix.

Mais il ne s'agit pas seulement d'un temps mort que nous subtiliserions à notre quotidien et à son stress. Nous pouvons également découvrir ainsi nos propres possibilités de manière ludique. Si nous pensons aux jeux qui nous passionnaient dans notre enfance, nous allons y voir une image qui va nous aider à porter un autre regard sur notre vie d'aujourd'hui. Ce jeu d'autrefois va nous mettre en contact avec le potentiel de notre âme. Je me rappelle, par exemple, un prêtre qui s'amusait lorsqu'il était enfant à construire de petits barrages sur des ruisseaux, et qui a découvert dans ce jeu l'image de sa vocation : celle d'un prêtre qui aide les gens ayant choisi une mauvaise direction à changer le cours de leur vie, à en libérer le flux en ouvrant le barrage qui le retenait.

Nous avons besoin à bien des égards de l'ange du jeu, qui va nous donner le courage de nous y adonner tout simplement en ne cherchant pas toujours sa valeur utilitaire, et de profiter de la vie elle-même en l'abordant de façon ludique, de résoudre de manière amusante et positive les problèmes qui nous attendent au travail, au lieu de les considérer comme un poids. Il veut nous mettre en contact avec les images présentes en notre âme et qui nous aident à façonner notre vie de l'intérieur au lieu de nous la laisser imposer par la pression extérieure.

Si tu te plains d'être écrasé de travail, de ce que les conflits sont de plus en plus violents dans ton entourage, fais appel à l'*angelus ludens*. Il te montrera comment régler positivement les désaccords ; il t'apprendra à donner à ton travail un goût de liberté à condition que tu le prennes comme un jeu ; il t'invitera, malgré tous les soucis que tu rencontres en ce moment dans ta famille ou dans ton entreprise, à jouer et à t'investir dans le jeu.

Romano Guardini[1] définit la liturgie elle-même comme un «jeu sacré»: nous y assumons notre véritable dignité de fils et de filles de Dieu, nous nous y identifions à notre rédemption et notre libération, et nous faisons, dans ce jeu sacré, l'expérience de la liberté dont jouissent les enfants de Dieu, et celle de notre grandeur inaliénable. Le jeu de la liturgie est désintéressé; il n'attend rien en contrepartie. Mais il comporte également en lui une gravité sacrée. C'est notre vie qui y est pour ainsi dire en jeu, mais nous n'y sommes pas seuls. L'ange y participe et, avec lui, l'armée céleste des anges qui chantent avec nous et représentent en jouant le mystère de notre humanité sauvée.

1. Romano Guardini (1885-1968), théologien catholique allemand et philosophe de la religion.

29
L'ANGE DU LÂCHER PRISE

Tel restaurateur a du mal à céder à son fils le nom et la responsabilité de son restaurant; telle mère ne parvient pas à laisser son enfant quitter le nid familial. Et ce père, qui n'arrive pas à lâcher la bride à sa fille. Il voudrait la garder toujours comme confidente auprès de lui, mais elle a un ami et aimerait voler de ses propres ailes sans avoir à constamment demander l'assentiment de son père. Il y a bien des situations où il nous faudrait abandonner notre charge aux plus jeunes, mais nous sentons en nous une résistance qui nous empêche de lâcher prise et contre laquelle nous avons du mal à lutter par nous-mêmes. Il nous faut alors l'ange du lâcher prise, qui nous invite à ouvrir les mains et à laisser partir ce qu'elles contiennent. Ce n'est que si nous laissons tomber en terre la graine que renferment nos mains qu'elle pourra germer. Et ce n'est que si nous laissons libres les gens dont nous sommes responsables qu'ils pourront s'épanouir.

Mais plus difficile encore est de lâcher prise quant à soi-même : les forces, la bonne santé, les habitudes auxquelles nous tenons. Pourtant, plus on avance en âge, plus c'est de cela qu'il est question. Se « lâcher » soi-même, c'est-à-dire ne plus accorder autant d'importance à son influence, à sa propre utilité, à son pouvoir. C'est précisément dans la vieillesse que nous avons besoin de l'ange qui est là pour nous y encourager, qui nous délivre de la crainte de ne plus valoir grand-chose si nous laissons à d'autres une responsabilité que nous avons longtemps assumée, si nous abandonnons un travail qui nous a valorisés aux yeux des autres et nous a valu leur respect. L'ange du lâcher prise nous aide à ouvrir les mains, ce qui est une condition indispensable si nous voulons accueillir quelque chose de nouveau.

De nombreuses mères me confient qu'elles sont incapables de laisser complètement leur fils ou leur fille à eux-mêmes : « Il restera toujours mon fils ; elle sera toujours ma fille. » Elles ont raison ces mères. Il n'y a pas de lâcher prise absolu. Mais l'ange nous enseigne à rester des parents lorsque nos enfants ont besoin de nous en tant que parents. Il nous apprend comment continuer à avoir le souci d'eux et à prier pour eux, tout en les laissant aller leur propre chemin ; à les lâcher en étant confiants qu'ils vont trouver leur voie. L'ange du lâcher prise nous y aide parce que nous savons qu'il les accompagne lui aussi dans leur cheminement, que nous n'avons pas besoin de contrôler puisqu'il est à leur côté, et que nous pouvons les laisser partir. Ils ne sont pas seuls, l'ange est auprès d'eux et, avec lui, leur ange gardien. Les anges œuvrent en équipe et nous facilitent le travail qui consiste à lâcher prise.

30
L'ANGE DE LA SERVIABILITÉ

Voilà une vieille dame qui ne parvient pas à descendre du train avec sa grosse valise. Des voyageurs complaisants lui viennent en aide et déposent la valise sur le quai où elle peut la rouler. Mais les gares ne disposent pas toutes d'un ascenseur et la vieille dame a toutes les difficultés à la porter pour descendre l'escalier. Quelqu'un pourrait-il l'aider ? Elle regarde autour d'elle. Ce ne sont pas forcément des voyageurs pieux et charitables qui se transforment en anges, mais des gens attentifs au besoin de leur prochain. Je ne suis pas toujours un ange de la serviabilité et l'ange qui est en moi doit souvent me pousser à ne pas fermer les yeux devant la difficulté d'autrui. En moi, il y a en effet une autre voix qui me dit : « Je n'ai pas le temps aujourd'hui. Cette vieille dame n'avait qu'à rester chez elle. Qu'a-t-elle besoin de voyager ? Et puis son fils va peut-être lui porter secours. » Les prétextes ne manquent pas qui peuvent me retenir d'intervenir. Mais l'ange de la complaisance qui est en moi va m'inviter à suivre mon élan premier et à lui venir en aide. Il me met en contact avec mon instinct qui me dicte d'aider celui qui en a besoin. Cet instinct est présent en chacun de nous, mais souvent recouvert par d'autres auxquels nous prêtons une oreille plus attentive. Nous devons donc entretenir une bonne relation avec l'ange de la serviabilité pour qu'il nous engage à prêter main-forte à autrui.

Lorsque nous sommes nous-mêmes en difficulté, nous rêvons d'être assistés par un tel ange et nous prions Dieu qu'il nous l'envoie. Je me rappelle qu'une nuit, alors que je rentrais d'une conférence, le système de refroidissement de ma voiture est tombé en panne. Il fallait que je m'arrête à chaque aire de stationnement pour remettre de l'eau dans le radiateur. Mais dix kilomètres plus loin, l'eau bouillait déjà et l'alarme se déclenchait. J'ai cherché de l'aide dans une station service, mais on ne peut pas demander aux vendeurs d'être aussi mécaniciens. Je n'avais pas de solution. C'est alors qu'un routier turc m'a proposé de regarder le moteur de ma voiture. Il a constaté qu'elle disposait d'un système de refroidissement hybride air/eau et que la courroie de ventilation était cassée. Il a alors fait une réparation de fortune qui m'a permis de repartir. Dans la nuit, cet homme m'est apparu comme l'ange de la serviabilité. Je l'ai remercié et j'ai voulu lui donner quelque argent. Mais il a refusé. Les anges ne se font pas payer, ils apportent leur aide gratuitement.

31
L'ANGE DU PETIT MALHEUR

Qui n'a pas un jour été victime d'un « petit malheur » ? C'est cet homme qui, lors d'un dîner officiel, renverse de la sauce sur sa cravate neuve et qui ne sait comment réagir. C'est cette femme tout à sa gêne parce qu'il fait si chaud que son maquillage fond et coule sur son visage. La plupart du temps, nous répondons par la honte à ce genre d'incidents qui nous attirent le regard des autres. Nous aimerions disparaître à cet instant, devenir invisibles. Ou bien nous pestons contre nous-mêmes ou contre celui ou celle que nous tenons pour responsable de notre déconvenue. C'est le moment où il serait bon que l'ange du petit malheur nous apporte son aide. Il ne peut évidemment rien changer à ce qui s'est passé, mais il nous effleure tendrement en nous disant : « Ce n'est pas si grave ! Prends donc la chose avec humour ! » Et il transforme la situation en un fou rire général ; tout à coup les gens qui m'entourent sont gais, je n'ai plus honte de moi et je ris de ma mésaventure.

Mais la tâche n'est pas toujours aussi facile pour l'ange. Il lui faut parfois lutter contre notre fierté. Si je mets par exemple un point d'honneur à être toujours parfait, toujours sûr et maître de moi, je vais me sentir d'autant plus mal à l'aise si mon pantalon se déchire ou si j'éclabousse mon chemisier en public. Parfois aussi, il lui faut lutter contre mon censeur intérieur qui me condamne parce que je me suis adressé à une dame en me trompant de nom, ou bien si je lui ai posé les mauvaises questions pour l'avoir confondue avec une autre. Dans des situations aussi pénibles, l'ange du petit malheur appelle ses acolytes à la rescousse et leur demande qui d'entre eux pourrait me donner un coup de main. C'est souvent l'ange du courage qui prend alors le relais et me fait descendre du trône de ma fierté. L'ange de l'humour peut aussi intervenir, qui voit l'aspect drôle de toute chose et m'invite à rire de l'incident qui m'afflige. Et puis un autre encore, l'ange-juge qui va tancer sévèrement mon censeur intérieur et le détrôner. Cette équipe a bien du travail pour que je parvienne à réagir aux petits malheurs sans me faire constamment des reproches, mais en n'y attachant pas plus d'importance que celle qu'ils méritent : certes, ce sont des incidents qui contrarient un peu mes projets, égratignent un peu mon image, mais peuvent aussi être vus sous un autre angle. En effet, l'ange du petit malheur me murmure à l'oreille : « Il est bon que ton image souffre un peu. Cela t'évite de devenir trop arrogant. Les incidents t'aident à toucher terre à nouveau et à ne pas perdre ton assise. »

Comprendre ainsi les choses et les accepter peut être très libérateur.

32
L'ANGE QUI TE DIT : « IL EST TEMPS D'ARRÊTER ! »

Nous sommes nombreux à travailler jusque tard dans la nuit. Le professeur consciencieux qui veut préparer à la perfection ses cours du lendemain et qui n'en finit pas de lire de nouveaux livres ; le directeur ambitieux qui veut répondre aujourd'hui même à tous ses courriers de peur de n'en avoir pas le temps demain ; l'avocat qui pense n'avoir de tranquillité que le soir pour étudier ses dossiers ; et la mère de famille qui, après une journée harassante au bureau, a encore tant à faire à la maison ! Pour elle aussi, les journées n'en finissent pas. « Il faut que je repasse toutes ces chemises, j'en ai encore pour un bon moment, mais demain, j'irai me coucher plus tôt. » Et le lendemain, c'est impossible, car il y a autre chose à faire. Voilà autant de situations dans lesquelles nous avons besoin de l'ange du rappel à l'ordre : « Il est temps d'arrêter ! À chaque jour suffit sa peine ! Va te coucher. Accorde-toi une soirée reposante. Profite de ce moment de tranquillité. C'est seulement si tu arrêtes de travailler que tu auras le temps de t'écouter. »

S'arrêter ne veut pas seulement dire mettre fin à une activité; cela veut dire aussi être attentif, être ouvert pour écouter ce qui est important à ce moment, ce que Dieu voudrait me dire. L'ange me chuchote: « Il est temps de t'écouter, d'écouter Dieu et d'être à l'affût de tes propres impulsions. »

Mais il n'y a pas que le soir que nous avons besoin de cet ange. Nous devons faire appel à lui dès lors que nous pensons être indispensables et que rien n'ira plus si nous arrêtons. J'ai l'âge de prendre ma retraite, par exemple, mais je ne peux pas me résoudre à abandonner la direction de mon entreprise. Ou bien je ne parviens pas à sauter le pas et à me retirer des affaires politiques; je vais continuer jusqu'à ce que mes électeurs se lassent et ne votent plus pour moi. Pour beaucoup d'entre nous, une retraite imposée est une épreuve douloureuse. On me laisse partir aujourd'hui sans les honneurs et la reconnaissance dont on m'aurait gratifié si seulement j'avais su renoncer au bon moment. On aurait salué mon départ avec force louanges alors qu'on est plutôt content maintenant que je cède enfin la place, et j'en ressens de l'amertume. En me soufflant qu'il est temps pour moi d'arrêter, l'ange veut me préserver de telles expériences. Il sait quand c'est le bon moment et il m'aide à trouver le temps d'écouter ma voix intérieure, à être attentif à ce que Dieu veut de moi, à ce qui me remue réellement et à ce qui touche les gens.

Mais il doit aussi parfois se manifester avec force pour que nous entendions vraiment son rappel à l'ordre. Il lui arrive alors d'utiliser notre corps, en nous montrant nos limites physiques et nos faiblesses, ou encore notre manque de vigueur, afin de nous signaler qu'il est temps pour nous d'arrêter. Celui qui se ferme aux impulsions discrètes données par l'ange sera bien obligé de se plier à celles plus vigoureuses d'une maladie ou d'une dépression. Il serait donc plus agréable pour nous de tenir compte assez tôt des avertissements de l'ange et d'arrêter le travail qui a jusqu'à maintenant occupé notre vie, afin d'écouter ce qu'il nous propose de nouveau et de prometteur. Car seul celui qui sait s'arrêter peut se consacrer à la nouveauté et en savourer le charme.

33

L'ANGE DU BON SOMMEIL ET DE LA GRASSE MATINÉE

Il y a des moments où je manque de sommeil : j'ai trop à faire à mon bureau, il y a de nombreux problèmes dans la famille, ma présence est indispensable aux réunions importantes des équipes bénévoles qui œuvrent pour des associations où je suis engagé. Mais ce peuvent être aussi des soucis intimes qui m'empêchent de dormir. À peine ai-je sombré que je me réveille. Je me tourne et me retourne dans mon lit, je rumine et me tourmente. J'ai peur de ne pas être en forme demain parce que je n'aurai pas mon compte de sommeil. Je désire alors ardemment cet ange qui me ferait tout simplement dormir huit heures d'affilée, d'un sommeil profond dont je ne serais pas tiré par la sonnerie stridente d'un réveil, mais dont je sortirais tranquillement, quand bon me semble. On a surtout recours à cet ange lorsqu'on est en vacances, car même en vacances, on ne trouve pas non plus forcément le sommeil. Certes, on peut rester couché plus longtemps, mais somnoler le matin n'est pas toujours facile.

L'ange de la grasse matinée veille à ce que mon sommeil soit réparateur. S'il ne l'est pas, je vais me sentir fatigué ou déprimé. Les psychologues disent que quand on dort, notre système immunitaire ouvre son atelier de réparation et reconstruit nos propres défenses. C'est pourquoi l'ange du bon sommeil est si important, pour nous et pour notre santé. Qui dort d'un sommeil agité se lèvera courbatu et ne pourra pas se concentrer convenablement. L'ange travaille efficacement la nuit, quand je dors. Un spécialiste du sommeil a comparé l'activité nocturne des cellules nerveuses à un orchestre en répétition : la journée, on apprend les notes, la nuit, l'ange du sommeil répète avec nous, longtemps, jusqu'à ce que le morceau soit en place, et quand le jour se lève, les cellules sont prêtes à le jouer. Mais si la pièce n'est étudiée qu'à moitié, ce n'est pas satisfaisant. Tandis que je dors, l'ange du bon sommeil fait le tri de tout ce que j'ai vécu dans la journée, clarifie ce qui est chaotique en moi, de sorte que je vois les choses autrement le lendemain et que les décisions qui m'incombent me paraissent souvent plus faciles à prendre.

Tu devrais entretenir une bonne relation avec l'ange du sommeil, car il ne peut que te faire du bien. Ne l'énerve pas en ne cessant de ruminer et d'évaluer ta journée passée. Au contraire, demande-lui qu'il fasse le tri à ta place pendant que tu dors et qu'il remette tout en ordre en toi. Prie-le de veiller sur ton sommeil, afin que la nuit soit reposante et réparatrice pour toi et que tu y puises ce dont tu as besoin pour la journée : la paix intérieure, la fraîcheur, la vitalité et l'énergie.

TABLE